Margaret Atwood

Drei drollige Dramen

Illustriert von Dušan Petričić

Aus dem Englischen von Ebi Naumann

DÖRLEMANN

Die kanadische Originalausgabe »A Trio of Tolerable Tales« erschien 2017
bei Groundwood Books, Toronto.

Dieses Buch ist auch als Dörlemann eBook erhältlich.
eBook ISBN 978-3-908778-87-5

Umschlaggestaltung: Mike Bierwolf unter Verwendung von Illustrationen von Dušan Petričić
Satz: Mike Bierwolf
Druck und Bindung: Grafisches Centrum Cuno GmbH & Co. KG, Calbe
Gedruckt auf Papier aus nachhaltiger Produktion
ISBN 978-3-03820-101-4
www.doerlemann.com

INHALT

RÜPEL RAMSAY UND DIE RANDALIERENDEN RADIESCHEN

Für Madelaine und für R. und E. Cook,
die fast alles essen.
M.A.

Für meine neugierige Enkelin Lara
D.P.

Rüpel Ramsay residierte in einer ramponierten, rechtwinkligen, rundum runtergekommenen Ruine mit einer Remise auf dem rückwärtigen Dach, einem Rübenkeller und einer rotierenden Drehtür. Rechts der Ruine ragten die Reste eines Ringwalls aus dem runtergetretenen Rasen.

In Ramsays Räumen residierten in der Regel auch Ron, Rollo und Ruby, Ramsays rachsüchtige und raubeinige Restfamilie. Relativ rundlich, aber robust, rasteten sie regelmäßig aus. Oder sie hingen in Ruhesesseln rum, schütteten riesige Mengen Rum in sich rein und röhrten rund um die Uhr Rock'n'Roll-Raritäten.

Während Ron in aller Ruhe Rennresultate runterratterte, schaffte Rollo Rosenkohl, Radicchio und Rote Bete für Reisgerichte ran sowie Rosinen, Runkelrüben und Rippchen (vom Rhinozeros). Sie rollten Reptilien aus (mit Ramsays Rollholz), raspelten Rhabarber, rädelten Ravioli und grillten Rentierrückensteaks auf einem riesigen Rost. Der Reis war restlos angebrannt, die Rippchen rußig, die Ravioli ranzig und das Rhinozeros noch reichlich roh. Die Reptilien rissen aus, der Rhabarber wurde runzlig, und die Rentierrückensteaks rochen nach Resteverwertung.

Freitags regte Ramsay, der rothaarige Raufbold, sich regelmäßig auf.

»Dieser Rattenfraß ist ruchlos«, rebellierte er. »Der Reis rabenschwarz, die Rosinen rausgepickt und die Rentierrückensteaks richtig verrottet. Reineweg zum Reihern!«

»Ramsay, du roher, repulsiver rothaariger Rabauke! Rüder Rüpel! Reiß dich zusammen!«, raunzten Ron, Rollo und Ruby, Ramsays raubeinige Restfamilie. »Reg dich ab, du Rowdy!«

»Regt euch selber ab!«, raunzte Ramsay.

Die drei raufllustigen Raubeine richteten sich auf, rollten die Ärmel hoch, rannten wie rasend hinter Ramsay her und schleuderten ihm Radkappen, Schraubenschlüssel, rumliegendes Räderwerk und Röhrenradios in den Rücken. Aber Ramsay, der routinierte Renner, rannte raketenmäßig raus – erst hoch zur Remise, dann runter in den Rübenkeller, die rotierende Drehtür rein und raus, bis seine robuste, aber rundliche Restfamilie röchelnd nach einer Ruhepause rief.

Diese Riesenrandale registrierten zahlreiche Rammler, reinliche Waschbärrüden, rastlose Rebhühner, Rohrsänger, Rotkehlchen und rotzfreche Raben. Rumfeixend reihten sie sich auf dem rechtsgelegenen Ringwall auf, fanden das rasante Rennen reizvoll und krächzten mit ihren Reibeisenstimmen: »Rah! Rah! Rah!«

Ramsays einziger Freund war Ralf, die Ratte mit dem roten Riecher – ein ruheloser Rumtreiber. Während Ramsay

auf einem ramponierten Rucksack rastete und sich seine rotgeränderten Risse rieb, rumorte Ralf in den Rückständen des rabenschwarzen Reisgerichts, der runzligen Rhabarberreste sowie der ranzigen Ravioli und rief mit rollendem ›R‹: »Rumliegender Ramsch ist für Ratten geradezu berückend. Wir regenerieren, wo Rentierreste verrotten.«

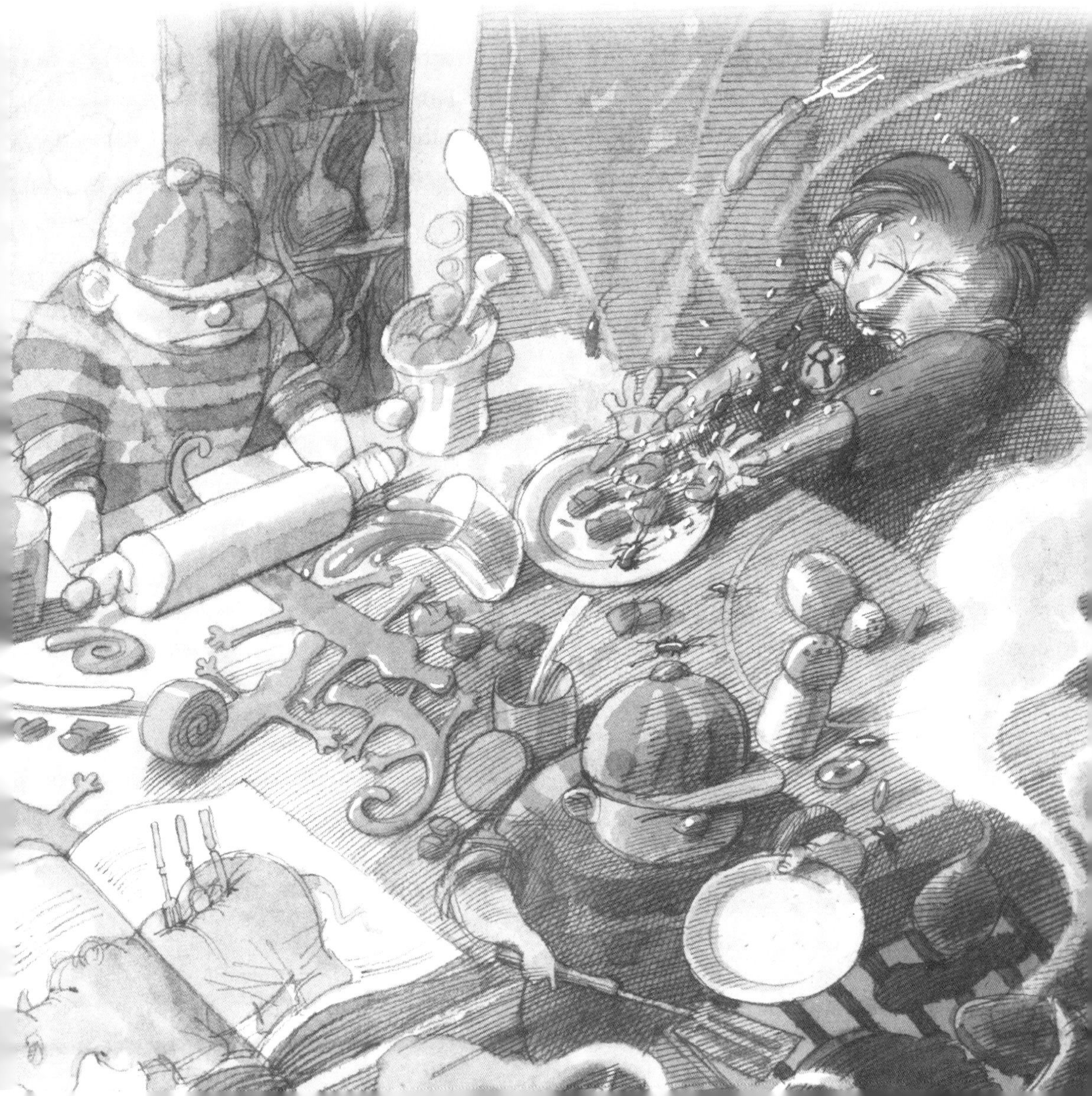

»Richtig«, erwiderte Ramsay reglos, »für eine räudige Ratte. Ich aber habe Riesenhunger. Diese ridiküle Rumrennerei ruiniert mich noch restlos. Rezepte, die zum Reihern reizen, lassen mein Inneres rebellieren. Ratsam wäre, Radau zu machen und zu revoltieren. Ich bin weniger robust als meine raubeinige Restfamilie. Diese rammdösige Rangelei ist nicht rechtens … !«

»Rate zu raschem Rückzug in Richtung Ringwall!«, rief einer der rotzfrechen Raben. »Ausruhen! Runterkommen! Den Rapport zur Natur reaktivieren. Hau rein!«

»Bleib realistisch«, erwiderte Ramsay. »Der Ringwall ist rau, rutschig und ragt riesenhaft empor.«

»Und was ist mit dem reizvollen, an romanische Rundbögen erinnernden Rattenloch?«, räsonierte Ralf, der rötliche Rumtreiber, und rieb sich den Riechkolben. »Unterquert den Ringwall und rettet uns raus.«

»Zu riskant«, war Ramsays Replik. »Rasch durch Geröll abgeriegelt. Rückzug dann nicht zu realisieren. Är-

gerlich. Bei Gewitter reinströmender Regen. Ewige Ruhe im Reich der Schatten. Rigor Mortis und Runzeln statt Rettung. Bedaure!«

»Reiß dich am Riemen!«, rief Ralf. »Resilienz statt Rückzug! Ran an die Bouletten!«

Zusammen rafften sie sich auf und rannten zu dem an romanische Rundbögen erinnernden Rattenloch. Der Gang war rappelvoll: rostiger Schrott, zurückgelassene Restbestände rumliegender Requisiten und verrottete Rattennester. Übelriechende Rinnsale rannen und rieselten aus den von Ratten in die Röhrenwand geritzten Riefen. Ralf rannte rücksichtslos voran. Aber Ramsay musste runter auf die Knie und robben, rutschte Ruck um Ruck über den Restmüll, riss sich – ritschratsch – reihenweise Triangel in die Hose, ruinierte seine Rennsandalen und holte sich reihenweise Kratzer. Gerade noch rechtzeitig versprach Restlicht am Ende der Röhre Rettung.

Ramsay reckte sich, räusperte sich geräuschvoll und rief:

»Oh rettendes Reich der Ruhe!« Das über Rippel rieselnde Rinnsal reizte ihn, sich als Rhapsode zu gerieren.

Ein riemenbestücktes Ruderboot ruhte leicht ruckelnd am Uferrand. Das wohlriechende Aroma roter Rosen reicherte die Luft an. Ringsherum rankten sich Reihen rostroter Brombeersträucher.

Ramsay streifte durch die Reihen schwarz-roter Früchte, rupfte die reifen runter und dann – rein in den Rachen. Ralf marodierte derweil raschelnd rum und gierte ruhelos nach Rettichen, Karotten und andren Rübenarten.

»Radieschen! Radieschen!«, rief Ralf erfreut.

»Wo du Recht hast, hast du Recht«, räumte Ramsay ein, »Raphanus sativus.« Und wirklich – direkt vor ihnen ragten sie aus dem Erdreich – Reihen über Reihen runder, rotgesichtiger Radieschen in Reinkultur. Bereit, ratzfatz rausgerissen und runtergeschluckt zu werden. So rattenscharfe Radieschen hatte Ramsay seit Urgedenken nicht erblickt. Eine regelrechte Rarität!

Ramsay riss ein Radieschen raus und rühmte dessen Rundheit und Röte: »Zum Reinbeißen!«

Das Radieschen fing an rumzuschreien: »Rotzlöffel! Räuber! Zurück in die Erde mit diesem Radieschen, sonst reagiere ich rabiat!«

Ramsay ruderte ruckzuck zurück. »Dieses rebellische Radieschen randaliert!«, reklamierte er. »Nicht mal richtig reif! Vielleicht am Rabiesvirus erkrankt – durch Reisen in Risikogebiete! Es droht mir mit seinen Riesenreißzähnen!«

Ratzfatz gruppierten die restlichen Radieschen sich im Kreis um Ramsay herum und rotierten so rasend, dass die Region ringsum erzitterte.

»Riecht nach Riesenrandale!«, raunte Ralf und rang (griechisch-römisch) mit einem rabiaten Radieschen.

»Rückzug ratsam!«

Rasch retirierten sie

zu dem an romanische Rundbögen erinnernden Rattenloch. Die Radieschen rollten röhrend und randalierend heran.

Da, gerade noch rechtzeitig: Auftritt einer resoluten Range. Sie hatte einen gerüschten roten Rock an, rabenschwarze Rastalocken und geriffelte Ringelsocken. Überm rechten Arm trug sie einen Rattankorb voller Rosen und reifer Reineclauden.

»Warum räubert ihr in meinen Radieschenrabatten rum«, stellte sie sie zur Rede.

»Wer raubt denn hier Radieschen?«, rief Ramsay reaktionsschnell. Die Radieschen hatten ihr Rumgetobe reduziert, reanimierten rührig ihre rausgerissenen Wurzeln und versuchten rechtschaffen, sie zurück in die ruinierten Radieschenrabatten zu recken.

»Ich heiße Rillah«, räusperte sich die resolute Range. »Und du musst Rüpel Ramsay sein«, riet sie aufs Geratewohl.

»Respekt, richtig geraten«, registrierte Ramsay erstaunt.

»Dein Ruf eilt dir voraus. Deine raubeinige und rachsüchtig rumrödelnde Restfamilie repetiert regelmäßig den Refrain: ›Ramsay, dieser rohe, repulsive rothaarige Rabauke und rüde Rowdy!‹ Rundstück gefällig?« Sie reichte ihm ihren Rattankorb rüber.

Ramsay und Ralf rissen sich um das Rundstück.

»Wo residierst du?«, fragte Ralf.

»In dem romantischen gerade restaurierten Rektorat, da rechts mit der Rotunde«, erwiderte Rillah.

Ramsay richtete seinen Blick auf das Rektorat. Es war wirklich romantisch: Rosafarbene Rhododendronbüsche umrahmten rosettenartige Spaliere mit roten Rosen. Rittersporn

reüssierte vor Rotdornhecken. Darüber rundete sich ein rotgelbgrünblauvioletter Regenbogen.

»Du musst ja richtig reich sein«, räumte Ramsay reumütig ein und erinnerte sich an seine ramponierte, rundum runtergekommene Ruine. Seine Röhrenjeans hatten Risse und seine rutschfesten Rennschuhe waren ruiniert. Darüber hinaus roch er wie ein routinierter Rumtreiber. Rillah würde sich nie an ihn ranmachen, resümierte Ramsay resigniert.

»Bis vor Kurzem rollte der Rubel und mein Ranzen war bis zum Rand gefüllt: Rupien, südafrikanische Rand und Goldreserven. Aber das ist vorüber. Mir geht's«, reflektierte Rillah redselig, »zu dir konträr. Du bist rüpelhaft, rüde und roh, verfügst jedoch über reichlich Restfamilie, so rachsüchtig und raubeinig sie auch rüberkommt. Ich aber bin Resultat einer auf den ersten Blick respektgebietenden Rechtsanwaltsfamilie und wäre fein raus, fehlte es meiner reichen und reichlich arrogant rumlaufenden Verwandtschaft nicht an Rechtschaffenheit.

Sie erstanden eine Reihe von Rolls-Royce, gerieten in Rückstand mit den Raten, und als der Gerichtsvollzieher sein Erscheinen anberaumte, rannten sie davon, ohne den geringsten Rest von Reue. Ich wurde rausgeschmissen und zurückgelassen. Respektlos!« Eine Träne rann ihr die rechte Wange runter.

»Rohlinge, ruppige!«, richtete Ramsay sie auf. »Ruhig Blut und rasch rüber ins Rektorat!«

Ramsay, Rillah und Ralf, die Ratte mit dem roten Riecher, rannten durch das romantische, gerade frisch restaurierte Rektorat. Sie durchstöberten die Rotunde – rappelvoll mit geraubten Raritäten. Auch die Empore war voller professionell reproduziertem Rokokoramsch. Dann rannten sie runter in den Keller, vorbei an Regalen über Regalen rarer Tropfen – Riesling, Rosé und Rotwein: Rothschild, Romanée-Conti, Richebourg … Rücksichtslos geraubt und zusammengerafft von Rillahs ebenso renommierter wie räuberischer Rasselbande. Zum Schluss erreichten sie eine Art Rumpelkammer.

»Dies ist der Raum für Rambazamba aller Art: Rumba, Rock und Remmidemmi«, raunte Rillah. »Aber Remmidemmi hat's hier nie gegeben, bloß Ringelpietz mit Rumtata. Bei Radau und Rock'n'Roll rümpfte die erpresserische Räuberbande regelmäßig die Nase. Rasend gern wäre ich, wo's richtig rundgeht! Randale – rau, ruppig und rabiat, mit Rumms.«

»Dein Ersuchen kann ich richten«, erwiderte Ramsay respektvoll. »Rasch! Machen wir uns auf den Rückweg.«

Also robbten Ramsay, Rillah und Ralf, die Ratte mit dem roten Riecher, zurück durch das an romanische Rundbögen

erinnernde Rattenloch und erreichten die ramponierte, rechteckige, rundum runtergekommene Ruine, wo Ron, Rollo und Ruby, Ramsays rachsüchtige und raubeinige Restfamilie, restlos abgefüllt mit Rum, rülpsend in ihren Ruhesesseln rumhingen und sich räkelnd röhrende Rock'n'Roll-Rhythmen reinzogen.

»Bereit?«, fragte Ramsay.

Rillah zeigte ihm ihr reizendstes rebellisches Grinsen.

»Verrottete Rentierrückensteaks riechen wie räudige Rinder rektal!«, rief Ramsay. »Und ihr Rabauken und Radaubrüder erst recht! Und was eure Rock'n'Roll-Raritäten betrifft, die sind rückständig und nicht der Rede wert!«

»Ramsay, rumpöbelnder Rattenfänger! Rabauke! Ruchloser Rüpel!« Ron, Rollo und Ruby reckten sich in ihren Ruhesesseln auf wie Riesenklapperschlangen, rasselnde, rotäugige Reptilien. Sie rückten zur rostroten Rampe vor und machten richtig Rabatz. Ramsay rannte rauf zur Remise, wechselte die Richtung, raste durch den Rübenkeller, dann die Rampe rauf und runter, die rotierende Drehtür rein und raus, während seine raubeinige Restfamilie wie rasend hinter ihm herrannte und versuchte, Ramsay Radkappen, Schraubenschlüssel, rumliegendes Räderwerk und Röhrenradios in den Rücken zu rammen. Aber diesmal rannte Ramsay so rapide, dass sie nicht reüssierten.

Schließlich brach seine raubeinige Restfamilie zusammen, rang röchelnd nach Luft und robbte restlos rammdösig retour in ihre Ruheposition.

»O, Ramsay! Was für eine hinreißend rasante Randale!«, trällerte Rillah. »Raubein hin und Rabauke her – du rennst wie der rasende Roland und bringst mich richtig auf Trab.«

»Ich wäre längst nicht so ein rabiater Rüpel, residierte ich in einem romantischen Rektorat, umgeben von Rabatten rosa-

farbener Rhododendren«, erwiderte Ramsay, »und könnte mir reife Reineclauden und Rundstücke reinziehen, statt rohe Rhinozerosrippchen und ranzige Rosinen.«

»Richtig«, rief Rillah. »Und ich wäre weniger rührselig, würde mich ein richtiger und ritterlicher Freund aus Rat- und Rastlosigkeit retten.«

»Respektierst du Ratten?«, räusperte sich Ramsay, der darüber reflektierte, ob Ralf sich durch Rillah zurückgesetzt fühlen könnte.

»Nur wenige Kreaturen finde ich reizvoller als diese rötliche, rotnasige Ratte«, erwiderte Rillah und rubbelte Ralf den räudigen Rücken. »Außerdem rupft er regelmäßig Rossameisen, Rüsselkäfer und Raubwanzen von den ramponierten Ringwallresten.«

»Was ist mit den rücksichtslos randalierenden Radieschen?«, fragte Ramsay. »Sie haben mich als Räuber registriert. Werden sie mich nicht ritzeratze, ritzeratze in Stücke reißen?«

»Das sind keine richtigen Radieschen, Ramsay«, beruhigte ihn Rillah, »bloß Roboterreplikanten, darauf programmiert, räubernde Rumtreiber und Eindringlinge rauszuschmeißen. Ich werde sie reprogrammieren, damit sie dich in Ruhe lassen.«

Unter dem rauschenden Beifall der auf dem Ringwall rumhockenden Rammler, Rebhühner, Rotkehlchen, Waschbärrüden und rotzfrechen Rabenkrähen, krochen Ramsay, Rillah und Ralf, die Ratte mit dem roten Riecher, zurück durch das einem romanischen Rundbogen ähnelnde Rattenloch …

… rannten befreit über den nach Rosen und Rhododendron riechenden Rasen, hin zum rieselnden Rinnsal und erholten sich mit zum Ringelreihen rezitierten Reimen von dem zuvor erlittenen **R**-ger.

BEDAUERNSWERTER BOB

UND DÜSTERE DORINDA

Für Rowan
M.A.

Für Rastko, meinen Enkel
D.P.

Baby Bob, das bedauernswerte Bürschlein, brabbelte unbemerkt in seinem vor einen Beautysalon beiseitegestellten Brotkorb. Seine bemerkenswert beschränkte Mutter, eine Brünette, bekam im Beautysalon Haare und Brauen blondiert und war so blind vor blonder Blasiertheit, dass sie Baby Bob nach dem Bezahlen einfach vergaß. Bald darauf buchte sie bestürzt eine Bekanntmachung im Bürgerblättchen: »Baby im Brotkorb vergessen. Bar besonders bemerkenswerter Brand- und Muttermale.« – Bodenlos!

Buuuu! Bob brüllte, bis er blau anlief, vom Babyhäubchen bis zum Beinkleid – aber seine Bemühungen blieben beinahe unbemerkt.

Beim Beautysalon begann ein begrünter, unbesiedelter Block voller Bäume, Büsche, Butterblumen und Bänke, beliebt bei Hunden beiderlei Geschlechts. Die balgten sich dort um Bälle, buddelten und begruben besonders gern Gebeine. Ein Boxer, ein Beagle und ein Barsoi bekamen Bobs Brüllen mit und betrachteten den bedauernswerten Burschen.

»Is bas ein Belbe?«, näselte der Boxer.

»Nein, ein Zweibeiner«, bemerkte der Beagle. »Bestimmt ein Buntfink.«

»Blödsinn«, bellte der Barsoi. »Das ist ein Baby. Bedenkenlose Barbaren! Es braucht Beistand. Wir müssen es bergen und bemuttern.«

Der Boxer, der Beagle und der Barsoi brachen in Boutiquen ein und beschenkten Baby Bob mit Bündeln erbeuteter Babysachen: Buggy, Babyfläschchen, Babywindeln, Babydecken. Und als Bob begann, größer zu werden, brachten sie ihm Bananen, Blaubeeren, Baked Beans, Rote Bete und Brokkoli. Vom Brokkoli bekam Bob Bauchschmerzen. Bis er sein Bäuerchen machen konnte.

Bobs besorgte Bundesgenossen benahmen sich wie Brüder. Sie belagerten Baumärkte, Bastel- und Billigläden und bombardierten Bob mit Ballons, Basketbällen, Blue Jeans und Bauklötzen. Sie beschafften ihm beutelweise Butterbrote, beglückendes Backwerk und Berge von Brombeeren.

Derart bedacht mit besten Leckerbissen, begann Bob aufzublühen. Er wurde bulliger und breiter. Schon bald war er kein Baby mehr, sondern ein begabter Bengel.

Aber Bobs Befinden blieb bedauernswert. Er bezweifelte, ein Bube zu sein, und wenn jemand ihn behelligte, bellte er.

Bob bekam Pickel und Brechreiz von beständig babbelnden Barbieren, betuchten Bankern, mit Brötchen be-

ladenen Bäckern und böse blickenden Busfahrern. Sobald sie ihn bedrängten, verbarg er sich hinter Büschen. Oder er blieb bibbernd und bewegungslos auf dem Boden unter Bänken. Beschäftigten Businessmännern biss er in ihre Brief- und Aktentaschen.

»Bob, dieser Bengel!«, bemerkte der Beagle bissig. »Der Bursche bedarf unserer Begleitung nicht länger.«

»Bedenkenloser Benner«, bellte der Boxer beklommen.

»A-Bah! Der Bursche braucht uns. Basta!«, brummelte der Barsoi.

Bobs bellende Bekanntschaft beäugte sich besorgt.

In dem Bob benachbarten Block darbte die Düstere Dorinda. Dorindas dünner Dad und dickliche Mum waren in einem dramatischen Desaster, einem Dammbruch in Dschibuti, verloren gegangen. Da steckte Dorinda noch in den Windeln. Dank eines Drehs der durchtriebenen Verwandtschaft fand die damals durchaus noch nicht des Denkens mächtige Dorinda bei diesen Obdach.

Dorinda sah doll aus und beeindruckte durch ihren durchschlagenden Dauercharme. Doch Dorindas durchtriebene Verwandtschaft, obwohl sie mit Diamanten dealte, an bester Adresse residierte und sich dumm und dämlich verdiente, dachte nicht daran, Dorinda dementsprechend zu behandeln. Stattdessen ließen sie das arme Ding darben.

»Dorinda ist deppert«, denunzierten sie drauflos. »Eine Dumpfbacke. Ein denkbar dusseliger Dödel. Echt depri. Düstere Dorinda!«

Sie bedachten Dorinda mit derben, dunkelgrauen Damenklamotten und einer dreckigen Daunendecke. Derart gedemütigt, döste und dämmerte Dorinda in einer dubiosen Dunkelkammer dahin. Über der direkt dahinter angedübelten Drainage dümpelte ein Dunst diabolischer Dämpfe – dauernd dräute Diphtherie, Diarrhö und Denguefieber!

Dorindas täglicher Drill bestand aus dämlichem Dauerdienst in einer verderbten Destille, wo diverse Dunkelmänner deftige Drinks verdrückten – Daiquiris, Diabolos und Dry Martinis. Statt delikater Durchstarter gab es für sie dort nur dagebliebene Hot Dogs, durchweichte Döner, dröge Donuts und Dickmilch. Das bedeutete Vitamin-D-Mangel. Dosenfleisch mit abgelaufenem Datum verursachte dauernde Darmbeschwerden und Durchfall. Desolat.

Dadurch wurde Dorinda de facto depressiv. »Dieser verdammte Dienst!«, don-

nerte sie. »Ich habe diese durch und durch durchtriebene Verwandtschaft dicke! Ich denke, ich habe einen dezenteren Umgang verdient! Definitiv!«

An einem dunklen, diesigen Dezembertag brannte Dorinda durch. Dafür packte sie drei Dosen Dosenmilch, ein Dutzend Donuts und die Dienstklamotten in einen derangierten Druckverschlussbeutel.

»Zum Donnerwetter!«, dachte sie. »Mit etwas Dusel dürfte ich doch durchkommen! In Dreiteufelsnamen!«

Von Regenduschen durchnässt und dreckig, den Druckverschlussbeutel geschultert, zog die Düstere Dorinda durch den verwaisten Block von Bob, dem bedauernswerten Burschen. Da begrüßte sie ein Bellen. Zwei blitzblank blinkende Augen blinzelten durch einen Busch. Dorinda beugte sich vor und bog behutsam einen Ast beiseite. Und siehe da: Dort duckte sich kein beißwütiger Bluthund, keine bissige Bulldogge und kein behäbiger Bernhardiner, sondern ein bänglicher Bengel!

»Ich bin kein Desperado, du Dämlack«, bemerkte Dorinda. »Kann ich dich in deiner Behausung besuchen?« Diese Bitte war brenzlig, denn so ein bellender Bursche konnte bedenkenlos beißen.

Doch Dorinda war dermaßen derangiert und durchnässt, dass ihr das verdammt egal war.

»Bau-wau!«, bellte Bob.

Dorinda dachte: Dem bring ich bestimmt das Reden bei. Der Boxer, der Beagle und der Barsoi waren Dorinda denkbar dankbar. Sie brachen in einen Buchladen ein und besorgten Bob und Dorinda einen Duden.

»Zum däglichen Eindauchen und Verdiefen«, näselte der Boxer.

Trotz anfänglicher Bedenken bellte Bob bald Worte wie »Bis«, »Bus« und »Bass« oder »Dies« und »Das«.

Und bald darauf beherrschte er bereits Brocken wie »Diversität«, »Differential« und »Belletristik«.

»Bob backt's däglich besser!«, bemerkte der Boxer begeistert.

Bob strahlte dankbar.

Tags darauf drehte im benachbarten Botanischen Garten ein Büffel durch und durchbrach die Barriere seines Beets. In das hatte ihn ein beschränkter Beamter – ein Bürokrat und biologischer Dilettant – befördert, da er ihn für eine besondere Blumenart hielt – die *Begonia brachialis.*

»Vorsicht, bissige Bestie! Beißwütiges Biest!«, brüllten die Barbiere, Bäcker, Banker und besorgt dreinblickenden Busfahrer und machten sich blindlings davon. Das beängstigende Gebrüll breitete sich bis in den benachbarten Block aus.

Der Büffel brachte den Boden zum Beben, bretterte bedrohlich durch Butterblumen, düste desorientiert durch Dahlien, Disteln, Dornbüsche und demolierte denkmalgeschützte Dönerbuden. Sirenen dröhnten, Blaulichter blinkten. Businessmänner bramarbasierten. Budenbesitzer bibberten, Babys brüllten.

»Bob! Bob! Wir müssen die Bestie bändigen! Besinn dich! Bitte!«, bestürmte ihn Dorinda.

»Büffel sind barbarische Biester«, sagte Bob. »Sie buffen und bearbeiten einen beängstigend brachial – Brustkorb, Becken, Backen. Außerdem würden mich all die Barbiere, Bäcker, Banker und Busfahrer dabei beobachten. Beängstigend! Bedaure, ich verbuddel mich in meinem Bau unter der Bank.«

»Bangbüx!«, donnerte Dorinda. »Bänglicher Bedenkenträger! Du bist dermaßen blockiert!«

Dann demonstrierte Dorinda das diametrale Gegenteil: direktes Draufgängertum. Dank durchtrainierter Bewegungen mit den Besen brachte sie den Büffel durcheinander. Dabei drehte sie sich wie ein durchgeknallter Derwisch. Derweil bewies auch Bob beherzte Betriebsamkeit. Er bat seine

beindruckend bellenden Bekannten darum, den blindwütigen Büffel zu besänftigen.

»Beruhige dich doch! Wir sind keine Betrüger!«, bellten der Beagle und der Barsoi. »Du bist keine Begonie, du bist ein besonders beeindruckender Büffel!«

»Alles bloß der bürogradische Batzer eines bedebberden Beamden«, bemerkte der Boxer.

Der begabte Büffel begriff, denn er war bilingual und beruhigte sich bald. Dann bot Dorinda dem besänftigten Bullen bergeweise Biertreber dar sowie drei Dutzend plattgedrückte Döner. Da dampfte der Büffel dankend ab.

»In den Diergarden«, bemerkte der Boxer.

»Du bist nicht mehr der Bedauernswerte Bob«, deklamierte Dorinda. »Du bist der Bravouröse Bob!«

»Und du bist nicht länger die Düstere Dorinda. Du bist die Dolle Dorinda!«, bedankte sich Bob.

»Unsere Bilder landen bestimmt in der *BILD*«, brummte der Beagle.

Und so war es!

Deshalb entdeckten Dorindas dünner Dad und dickliche Mum, die durch den dramatischen Dammbruch in Dschibuti das Gedächtnis verloren hatten, Dorinda tags darauf in der dortigen Zeitung und düsten direktemang Direktion Düsseldorf, Deutschland.

Dorindas durchtriebene Verwandschaft dagegen, durch das Durchsickern ihres despektierlichen Verhaltens desavouiert, verdünnisierte sich dahin, wo der Pfeffer wächst.

Bobs bemerkenswert beschränkte Mutter, nun wieder brünett, die ihr bedauernswertes Benehmen im Beautysalon bereits bitter bereute, begegnete Bobs Biographie in der *Bunten*.

»Das Baby brabbelte in einem Brotkorb vorm Beautysalon. BINGO! Das ist mein Bob. Bestimmt!«

Beschämt bat sie Bob um Vergebung und gelobte Besserung. Auch die Befindlichkeit ihres derzeitigen Begleiters,

durch Bobs blitzartiges Verschwinden damals beunruhigt, begriff die Begebenheit und begrüßte das Ganze.

Vor Begeisterung begannen beide Paare eine beglückende Beziehung. Schon bald besorgten sie sich einen Bungalow mit einer gediegenen Diele, einer beachtlichen Zahl von Betten (auch für Besuch), beheizten blendendweißen Badezimmern, einem Balkon, einem begrenzten Bereich mit Basketballkorb, Bäumen und Büschen, hinter denen Bob sich bei Bedarf verbergen und Beeten, in denen der Boxer, der Beagle und der Barsoi buddeln konnten.

Und so blieben der Bravouröse Bob, die Dolle Dorinda, samt ihrer beider Bezugspersonen sowie ihrer bellenden Bagage – dem Boxer, dem Beagle und dem Barsoi – bar irgendwelcher besonders besorgniserregender Bedrohungen im Bungalow. **B**-glückt bis zum En-**D** ihrer Tage.

DIE WANDERNDE WANDA

UND WITWE WISCHWASCHS WUNDERWÄSCHEREI

Für Madelaine and Rowan
M.A.

Für meine ruhelosen Enkelkinder
D.P.

Wanda war ein untergewichtiger, hohlwangiger Wildfang mit wirrem Haar und wehmütigem Blick. Während sie – noch winzig und in Windeln gewickelt – in der Wiege wimmerte, hatte eine wild wütende Windhose ihre weisen und wachsamen Eltern hinweggeweht.

Während Wanda heranwuchs, wanderte sie in ihrem verwaschenen, viel zu weiten Wollpulli in der Welt herum, wild entschlossen und willens, ihre Eltern wiederzufinden.

»Wo, oh wo werden sie sein?«, wehklagte sie.

Eines Tages sah Wanda ein WANTED-Plakat an der Wand. Der Wortlaut war:

WANTED!
WAHNSINNSMAGIER
WIRRWARR

WEGEN HERAUFBESCHWÖRUNG
WILD WÜTENDER WINDHOSEN

WAHNSINNSBELOHNUNG!

»Wow!«, sagte Wanda. »Wer weiß?!«

Mit wachsendem Hunger wartete sie wochenlang neben

einem Wagen, wo Weißwürste und Wiener verkauft wurden. Hin und wieder wurde was von den Würsten weggeworfen. Wie wenig es auch war, Wanda putzte es weg.

Dann und wann nahm Wanda das Winseln und Wimmern eines wichtelhaften Wesens wahr. Wehr- und willenlos.

Weinerlich wisperte es: »Ich würde wahnsinnig gern was von der Weißwurst!«

»Bist du ein Wombat?«, wollte Wanda wissen, die einmal einen Wombat gesehen hatte. In einem Wartezimmer.

»Ach was«, wisperte das wichtelhafte Wesen. »Ich bin ein waschechtes Waldmurmeltier.«

»Aber Waldmurmeltiere wohnen im Wald und fressen Holz«, wandte Wanda wispernd ein.

»Und aus was, meinst du, werden Wiener Würstchen gemacht?«

Also reichte Wanda ein winziges Stück Weißwurst an das Waldmurmeltier weiter.

»Wow«, wisperte das Waldmurmeltier. »Was will man mehr?«

»Willkommen«, wisperte Wanda, während sie sich gemeinsam wegbewegten. Sie wisperten, damit der widerwärtige Weißwurstverkäufer nicht wahrnahm, wie sie weggeworfene Wiener- und Weißwurstreste wegputzten.

»Warum wanderst du durch die Stadt, wo du doch wahrscheinlich im Wald wohnst?«, wollte Wanda wissen.

»Im Wald weitete ich verwahrloste Wildtierbaue aus. Und stand

bei Wölfen Wache, weshalb ich um nicht wenige Wolfsparolen weiß. Dann wanderte ich weg, weil ich in die weite Welt wollte. Aber die weite Welt wimmelt von wildgewordenen Wachhunden, verwahrlosten Waisenkindern und weiteren Unwägbarkeiten.«

»Wie warm und wuschelig du bist«, wunderte sich Wanda, während die beiden Wanderer hinter einem Wall weggeworfener Weinkartons darauf warteten, der winterliche Wind möge weniger werden. »Ich werde dich Wuschel nennen.«

»Wurr wurr«, schnurrte das in Wandas weiten, verwaschenen Wollpulli gewickelte Waldmurmeltier wohlig.

Eine Woche später machten Wanda und Wuschel sich auf den Weg und wandten sich westwärts. Wie sie so wanderten, kam ein waghalsig hinter zwei weißen, kleinwüchsigen, wiehernden Welsh-Ponys hin und her wankender Wagen neben ihnen zum Halten. Auf dem Wagen standen die Worte:

WITWE
WISCHWASCHS
WUNDERWÄSCHEREI

Eine widerwärtige Windsbraut starrte sie an, ein Weib mit Warzen an Kinn und Nase, eingefallenen Wangen, wirrem Haar und einem Wulst gewaltiger Augenbrauen über den Wimpern, gewandet in eine wetterfeste Windjacke und wadenhohe wasserdichte Gummistiefel. Um ihren Kopf wand sich eine wundersam gewickelte Windel aus weißvioletter Wildseide. Dazu wirbelte sie wie wild mit ihrer Westernpeitsche.

»Was bewegt dich, auf diesem witzlosen und wenig befahrenen Weg zu wandern?«, wollte Witwe Wischwasch von Wanda wissen.

»Meine weisen und wachsamen Eltern wurden von einer wild wütenden Windhose hinweggeweht«, erwiderte Wanda. Unter ihrem verwaschenen, viel zu weiten Wollpulli war Wuschels warnendes Waldmurmeltiermurmeln zu hören.

»Will sagen, du bist wohnungslos und verwaist. Wunderbar! Willkommen bei Witwe Wischwasch!«, rief das Weib und warf Wanda in den Wagen, bevor sie wusste, was geschah.

Witwe Wischwasch zwängte Wanda gewaltsam in einen Weidenkorb und wandte sich wieder ihren weißen Welsh-Ponys zu, worauf diese widerwillig wiehernd weiterwetzten.

»Wartet! Wartet!«, wütete Wanda, aber Witwe Wischwasch ignorierte sie. »Wuschel – was wird bloß aus uns werden?«, wimmerte Wanda.

»Wer wagt, gewinnt«, wisperte Wuschel.

Wanda guckte durch ein Wurmloch im Weidengeflecht. Die Welsh-Ponys wirbelten in Richtung Wald, wo Winde wehten und wilde Wölfe heulten. Dann wand sich der Weg durch wässerige Wiesen, vorbei an Wasserlilien, Weißdornbüschen, Weidenröschen und wahllos wuchernden Weidensträuchern.

Sie erreichten eine gemauerte Wand mit gewundenen, widerspenstigen Stacheldrahtrollen. Der Wagen wählte den Weg durch das schmiedeeiserne Werktor. Eingewoben waren die Worte: WITWE WISCHWASCHS WUNDERWÄSCHEREI: WÄSCHT WEIß WEIßER ALS WEIß.

»Wrr!«, wies Witwe Wischwasch ihre wundgelaufenen weißen Welsh-Ponys an, worauf diese wankend warteten. »Willkommen in meiner Wunderwäscherei«, wandte sich die Witwe an Wanda. Dann – »Wusch!« – öffnete sich wider Erwarten ein Wäscheschacht. Wanda sauste die sich wie eine Wasserrutsche windende Wäscheabwurfanlage hinunter und fand sich in einem Wust weicher, weißer Wäsche wieder. In einer verwinkelten Wäschekammer mit einem winzigen Fenster in der Wand.

»Oh weh«, wisperte Wanda.

»Oh weh!«, wiederholte Wuschel wispernd. Wohl wissend, wie wenig weit weg er in Wandas viel zu weitem, verwaschenem Wollpulli von Witwe Wischwasch und ihrem Wahnsinn entfernt war.

»Oh, Wuschel«, wimmerte Wanda weinerlich. »Was wird bloß aus uns werden?« Aber Wuschel wich der Frage aus. Oder er war weggedämmert.

Vor dem winzigen Wandfenster der winkligen Wäschekammer wehte der Wind. Wolken waberten unter den Weiten des Himmelsgewölbes, und über Witwe Wischwaschs Waschsalon wachte der wachsende Mond. Wanda weinte ein Weilchen. Dann schlief sie ein.

Verwirrt erwachte Wanda vom Widerhall wütenden Wachtelgetrillers aus dem Wald jenseits des Werktors.

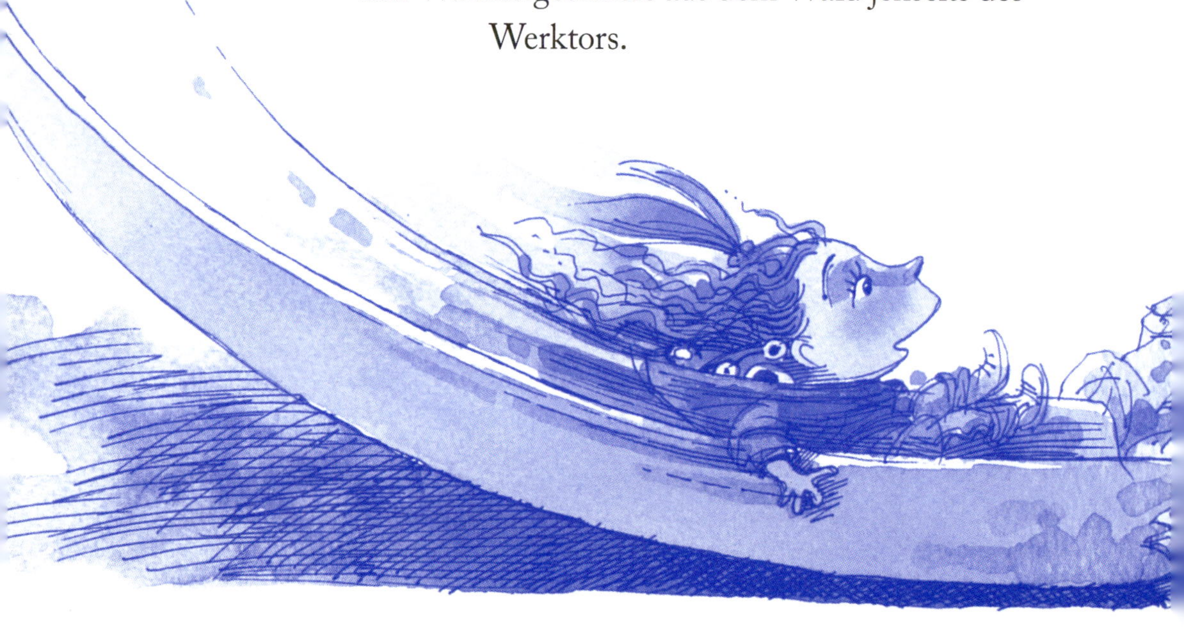

»Wo bin ich«, wunderte sie sich.

»In Witwe Wischwaschs Wunderwäscherei«, erwiderten drei Stimmen.

Dass sie und Wuschel nicht allein in der Wäschekammer weilten, hatte Wanda nicht erwartet.

»Weshalb, wieso, warum?«, stammelte sie. »Wer um Himmels willen seid ihr?«

»Walter, Wang und Wakanda«, erwiderten drei weißgesichtige, untergewichtige, weltentrückte Wichte und schauten sie wachsam an. »Wir sind wohnungslose Waisen.«

Zu Wandas Verwunderung waren auch Walters, Wangs und Wakandas weise und wachsame Eltern von einer wild wütenden Windhose weggeweht worden. Und auf ihrem weiteren Weg wurden die drei Waisen dann genau wie Wanda und Wuschel von Witwe Wischwasch in ihren Wagen geworfen.

»Ich würde wahnsinnig gern wissen, was ...«, wagte Wanda zu sagen.

Doch bevor sie weiterreden und in Worte fassen konnte, was sie Wunder nahm, wurde die Tür von Witwe Wischwasch aufgerissen, und sie stürmte in die Wäschekammer. Dabei wirbelte sie wie wild mit ihrer Westernpeitsche.

»Wollt ihr wohl Wäsche waschen, ihr würdelosen Wichte! Winzlinge! Wichtigtuer!«, schrie sie.

»Wart's ab, Wuschel. Wird schon werden«, wisperte Wanda dem Waldmurmeltier zu, wobei sie es in ihrem viel zu weiten, verwaschenen Wollpulli wiegte.

Dann wurden die weggesperr-

ten Waisen von der Witwe in eine winzige Vorratskammer gewunken. An den Wänden wellten sich gewirkte Wandbehänge mit aufgestickten Wespen, Walen, Wellhornschnecken und Walrossen. Dort erwarteten Walter, Wang, Wakanda und Wanda Waffeln mit Wolfsmilchspannern, weißer Fisch mit Würmern, verwanzte Walderdbeeren und warmes Wasser, das nach welken Wasserlilien schmeckte.

Sie werkelten Woche um Woche an ihren Waschtrögen im Keller der Wunderwäscherei und wuschen weiße Wäsche. Weiß und immer weißer. Weichten sie ein und walkten sie auf wellblechernen Waschbrettern, solange bis auch ihre Hände aufweichten und immer welker wirkten. Und weil die wahnwitzige Witwe in ihrer Wut wollte, dass die Weißwäsche weißer als weiß wurde, waren Wandas, Walters, Wangs und Wakandas Wollklamotten vom irrwitzigen Wässern und Auswringen der Wäsche wasserdurchtränkt. Trotzdem mussten sie warmes Wasser aus weit entfernten Wannen zu den Waschzubern schleppen, nur um die Wäsche dann zum

Trocknen in gewaltigen Wäschesäcken wiederum zu weit verstreuten Weidenkörben zu wuchten, wo sie auf die willkürliche Bewertung der Witwe wartete.

Es war der Wahnsinn!

»Wollt ihr wohl weitermachen, widerliches Gewürm!«, wetterte Witwe Wischwasch, wann immer sie in der Wäschekammer rumfuhrwerkte. »Ich warne euch! Ich will die Wäsche weißer als weiß! Wehe euch, wenn nicht! Wer weiß, was euch dann Widriges widerfahren wird!« Dann ließ sie ihre Westernpeitsche wirbeln und prügelte sie windelweich. Widerlich! Die Waisenkinder wehklagten und weinten. So weh ums Herz war es Wanda noch nie gewesen.

Wieder einmal hatte die Witwe Wischwasch sie mit einer Portion weich gewordener Waffeln in der winzigen Wäschekammer wegsperrt.

»Was für ein widerwärtiges Weib!«, wimmerte Walter und warf einen

Blick auf eine von Witwe Wischwaschs Westernpeitsche zugefügte Wunde.

»Würdelos!«, meinte Wang. »Wow! Ich will weg!«

»Vielleicht ist sie ja ein Werwolf? Wer weiß?«, sagte Wakanda.

»Was denn nun?«, fragte Wang. »Werwolf oder Werweiß?«

»Wahnsinnig witzig, Wang. Wirklich.«

»Wie auch immer«, glättete Walter die Wogen. »Auf jeden Fall ist sie wohlhabend, weil wir weitgehend widerstandslos ihre Wäsche waschen, wenn auch widerwillig. Während wir wertvolle Lebenszeit wegwerfen, welke Waffeln und verwanzte Walderdbeeren hinunterwürgen und vom fortwährenden Wringen weißer Wäsche schwindsüchtig werden, kann sie zwischen Wiener Schnitzeln, Waldpilzen mit Wachteleiern und Wels in Weinschaumsoße wählen. Weicht ihre Walnusswaffeln in Weißwein und Whisky ein und wälzt sich in Wackelpudding!«

»Ich weiß, warum es Wunderwäscherei heißt – man wird diesem Wahnsinn wahrscheinlich bloß durch ein Wunder entweichen«, wimmerte Wakanda. »Wie sonst sollen wir es wohl über die hohe Wand und den gewundenen, widerspenstigen Stacheldraht schaffen? Und wenn? Was wird aus uns werden, zwischen weit einsehbaren

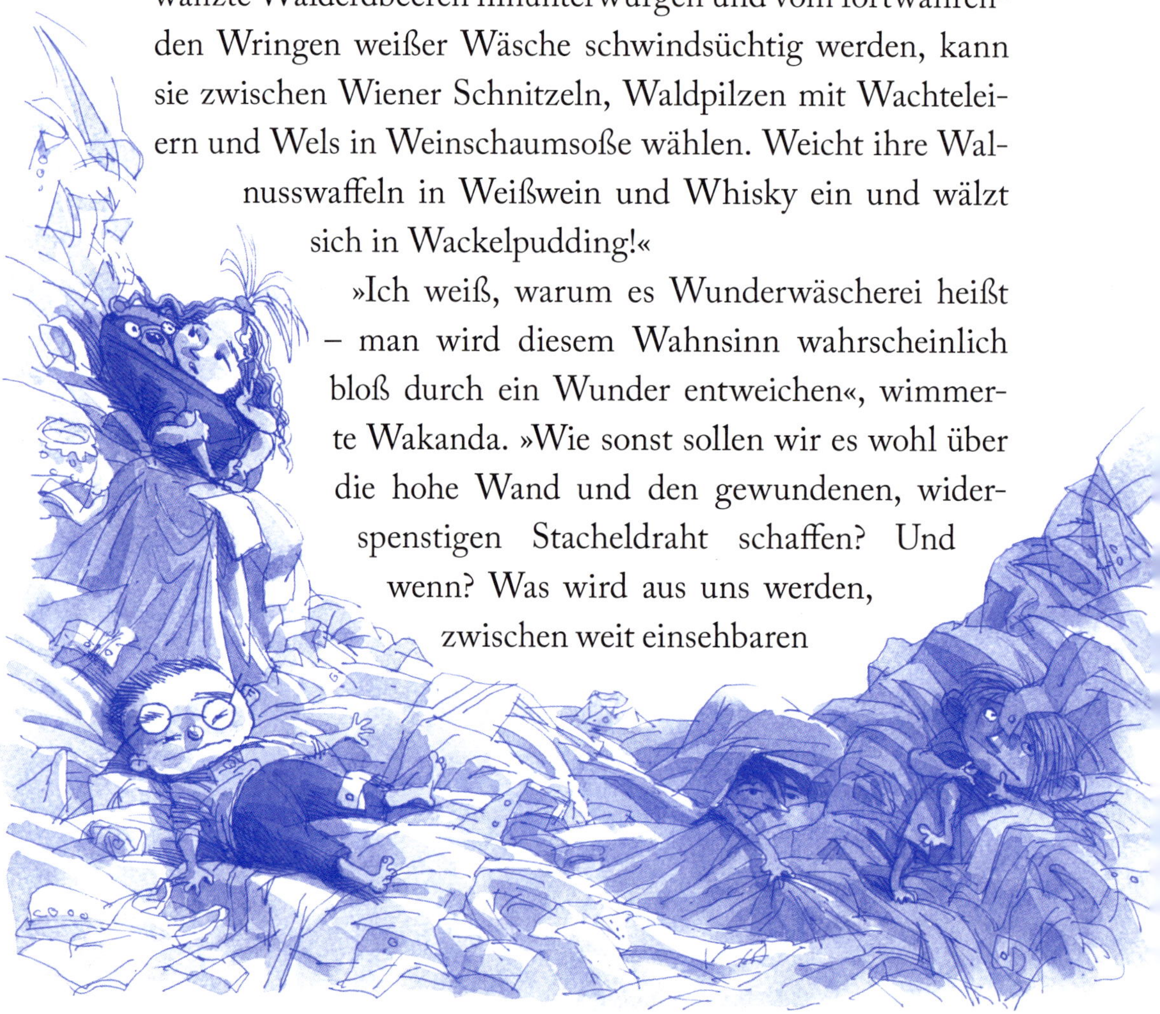

Weiden und wässerigen Wiesen, wildem Wald und herumwandernden Wölfen?«

»Mich würde es wenig wundern, wenn sie keine Witwe wäre, sondern ein verwunschenes Weibsstück«, sagte Wanda.

»Oder eine windige Windsbraut«, wandte Wuschel ein, während er sich aus Wandas viel zu weitem Wollpulli wurstelte. Sein wunderbar weiches Wams war voller Sand.

»Wuschel«, rief Wanda verwundert. »Wo warst du?«

»Worin sind Waldmurmeltiere wirklich Weltklasse?«, erwiderte Wuschel. »Na, worin wohl? Im Wühlen.«

»Ich wette, du hast einen Maulwurfsgang geweitet«, rief Wanda. »Wie wundervoll!«

»Wer wagt, gewinnt«, sagte Wuschel.

»Wow! Was für ein wertvolles Waldmurmeltier!«, riefen Wanda, Walter, Wang und Wakanda bewundernd.

»Waldmurmeltiere sind Gewinner!«, sagte Wuschel wegwerfend und zwinkerte ihnen zu. »Und sie haben was gegen Witwe Wischwaschs Wunderwäscherei.«

Bevor die Waisenkinder sich auf den Weg machten, verrammelten sie die Wäschekammertür mit einem Weidenast, den Wuschel klugerweise mitgebracht hatte, damit die Witwe nicht gleich wusste, dass sie weggelaufen waren.

Dann würgten und wühlten sie sich durch den von Wuschel wunderbar geweiteten Maulwurfsgang. So wichen sie der gemauerten Wand und dem widerspenstigen Stacheldraht beziehungsweise dem Werktor aus.

»WHOOPY«, wisperte Wakanda, als sie sich wie gewollt jenseits der Wand wiederfanden.

»Nix wie weg«, warnte Wang.

Wakanda seufzte. »Ich wünschte, wir hätten Witwe Wischwaschs Wagen oder wenigstens ihre

Welsh-Ponys.« Von denen hatte Wakanda schon immer welche haben wollen.

»Ich wünschte, ich wäre woanders, weit weg von dieser Wunderwäscherei!«, sagte Walter.

»Ich wünschte, ich wüsste, was werden wird«, sagte Wang.

»Ich wünschte, ich hätte Waffen«, sagte Wanda verwegen.

»Wer wagt, gewinnt«, sagte Wuschel.

Während sie so ihren Wünschen nachhingen, wateten sie durch das wilde Gewirr der auf den weiten, wässerigen Wiesen wuchernden Wasserlilien, Wildrosen und Weißdornbüsche. Kurz bevor sie bei den Weiden angekommen waren, wurden sie durch zwei wenig schöne Dinge aus ihren Wunschträumen geweckt.

Durch das Werktor der Wunderwäscherei kam Witwe Wischwaschs Wagen hinter ihnen hergeschossen. Die weißen Welsh-Ponys wetzten was sie konnten, während die Witwe voller Wut ihre Westernpeitsche wirbeln ließ.

Gleichzeitig näherten sich vom Wald her wildernde Wölfe.

»Was nun?«, wimmerte Wakanda. Sie wischte sich eine winzige Träne von der Wange, während die vier Waisenkinder mit weit aufgerissenen Augen warteten, was passieren würde.

»Ich werde wohl ein paar Worte mit den Wölfen wechseln müssen«, sagte Wuschel. »Wölfe wirken zwar wirklich wild, aber sie würdigen Weisheit und wohlgewählte Worte.«

»Und wissen um den Wohlgeschmack eines wagemutigen Waldmurmeltiers«, warnte Wang.

»Nicht wenn das wagemutige Waldmurmeltier um gewisse Wolfsparolen weiß«, erwiderte Wuschel. »Nicht umsonst habe ich wochenlang beim Weiten von Wildtierbauten mit weit geöffneten Ohren den Wortgefechten durch die Wälder wandernder Wölfe gelauscht.«

Nachdem Wuschel den Wölfen wenige Worte ins Ohr geraunt hatte, wedelte der wichtigste Wolf mit seinem Schwanz.

»Witwe Wischwasch ist keine Wolfsfreundin«, wandte er sich an die Waisen. »Wölfen gegenüber war sie wenig wohlwollend. Ja, sie wagt, uns widerlich zu nennen. Und das, wo sich ihr Wunderwäschereiwagen Woche für Woche auf unseren Waldwegen bewegt. Dafür wollte sie uns mit Wildschweinschnitzeln bewirten oder wenigstens mit Wiener Würsten. Doch darauf warten wir schon seit Wochen vergebens. Und wie sie die winzigen, herumwandernden und wohnungslosen Waisenkinder in ihrer Wunderwäscherei wegsperrt und mit ihrer wild wirbelnden Westernpeitsche in Schach hält, ist wirklich widerwärtig! Wir Wölfe werden der Witwe Widerstand leisten.«

Der Wunderwäscherei-Wagen war mittlerweile nur noch wenig weit weg.

»Aus dem Weg, ihr widerlichen Wölfe!«, schrie Witwe Wischwasch, während ihre Westernpeitsche über den waidwunden Rücken ihrer weißen Welsh-Ponys wirbelte. »Und was euch betrifft, ihr widerborstigen, wild gewordenen Waisen – nix wie rein in den Wagen, oder ich schlage euch windelweich!«

Wie auf Kommando schwärmten alle Wölfe in den Wagen, warfen sich auf Witwe Wischwasch, und dann – WUSCH! – wurde die Witwe überwältigt und von wütenden Wölfen weggezerrt. Aber …

… auch sie wütete, wälzte und wehrte sich. Schließlich konnte sie sich wirklich und wahrhaftig der Wölfe erwehren und entweichen. Doch die wetzten der Witwe hinterher und entwanden ihr auf dem Weg nach und nach ihre wasserdichten Gummistiefel, ihre Windjacke, ihre Weste und ihr Wams.

Als sich dann auch noch ihr Windelturban aus weißvioletter Wildseide abwickelte, war nichts übrig bis auf ihre Wollunterwäsche. Und dann …

Wunder über Wunder: Witwe Wischwasch war weder Witwe noch Weibsbild oder Windsbraut. Witwe Wischwasch war ein Mann, was auch die wulstigen Augenbrauen über den Wimpern erklärte.

»Warte mal«, wandte sich der wichtigste Wolf an Wuschel. »Was war da auf dem WANTED-Poster? Von wegen Witwe. Das widerwärtige Weibsbild ist in Wahrheit Wirrwarr, der weltweit gesuchte Wahnsinnsmagier. Von wegen Wahnsinns-

magier – in Wirklichkeit warst du doch bloß gut für einen Trick: das Heraufbeschwören wild wütender Windhosen. Auch unseren Wald hat einer deiner Wirbelstürme auf dem Gewissen! Widerwärtiger Wirrkopf!«

»Wenn ihr wüsstet, wie gut ich war!«, wimmerte Wirrwarr.

»Nicht gut genug!«, erwiderte der Leitwolf und warnte die Waisen und Wölfe vor Wirrwarrs Westernpeitsche. »Die ist in Wahrheit sein verwandelter Zauberstab!«

Dann wandte er sich wieder an den winselnden Wirrwarr: »Statt der von dir verweigerten Wildschweinschnitzel und Wiener Würstchen werden wir jetzt DICH hinunterwürgen.«

»Wartet!«, winselte Wirrwarr. »Wie wär's mit einem Win-Win-Geschäft? Ihr weidet euch an den Winzlingen, den vier Waisen da und ihrem widerlichen Waldmurmeltier. Plus so vielen Wildschweinschnitzeln und Wiener Würsten wie ihr wollt. Dafür lasst ihr mich laufen. Das wär doch was, oder?

Wenn ihr wollt, werfe ich sogar noch ein paar Weinbergschnecken, Wasserbüffel oder wer weiß was in den Hut.«

»Ach was! Wir werden uns an dir weiden!«, erwiderte der Wolf.

»Oder?«, fragte er die wagemutigen Waisenkinder: »Was wünscht ihr euch? Wir werden machen, was ihr wollt.«

»Wir wollen bloß unsere weisen und wachsamen Eltern wieder, die von Wirrwarrs wild wütenden Wirbelstürmen und Windhosen hinweggeweht wurden«, sagte Wanda, »damit wir nie wieder zu Waisen werden und uns in Wirrwarrs Wunderwäscherei wund waschen, bloß damit seine Wäsche weißer als weiß und er selbst wohlhabend wird.«

»Und wir wollen nie wieder von der wirbelnden Westernpeitsche verwundet werden«, machte Wang weiter.

»Und nicht das winzigste Fitzelchen Wäsche mehr wringen«, sagte Walter.

»Und die waidwunden, weißen Welsh-Ponys sollen wieder auf der Wiese weiden«, wünschte sich Wakanda.

»Wohlan«, wandte sich der Leitwolf an Wirrwarr. »Was

wählst du? Deine Wirbelstürme und Windhosen rückwirkend wieder unwirksam machen oder Wolfsfutter werden?«

Der Wundermagier wusste, dass sein Stündchen geschlagen hatte. Wimmernd vor Wut wirbelte er seine Westernpeitsche, mit der er in Wahrheit Wunder wirken konnte, und wirklich …

… aus den Wolken wankten die vier verschwundenen weisen und wachsamen Elternpaare.

»Wanda!« »Walter!« »Wang!« »Wakanda!«

Sie winkten wie wild und weinten vor Freude.

»WAHNSINN! WOW! IST DAS WIRKLICH WAHR?!«

»Wuschel, du warst wunderbar«, sagte Wanda überwältigt und würdigte das Wirken des wagemutigen Waldmurmel-

tiers durch weitere warme Worte. Die weißen Welsh-Ponys wieherten, und die Wölfe wedelten mit ihrem Schwanz.

»Was für eine wundersame Wendung!«, staunte der wichtigste Wolf.

»Wer wagt, gewinnt«, sagte Wuschel.

»Jetzt wollen wir uns auf den Weg machen. Nach Hause, wo wir wohnen«, sagten die weisen und wachsamen Mütter. »Dort werden wir Walnusswaffeln, Waldmeistercreme und Wackelpudding wegputzen, was das Zeug hält.«

»Und wenigstens einen winzigen Schluck Wein«, wandten die Väter ein. »Und Whisky.«

Die Wölfe bekamen die ausgesetzte Wahnsinnsbelohnung und erwarben im Überschwang massenweise Wiener Würstchen.

Die weißen Welsh-Ponys wanderten mit zu Wakanda.

Wuschel, das Waldmurmeltier, weilt jedes Wochenende bei der wandernden Wanda. Diese wartet auf ihn an der Wohnungstür, und Wandas zugewandte Mutter hat Wuschel einen eigenen verwaschenen Wollpulli aus wertvoller Kaschmirwolle gewebt.

Was den widerwärtigen Wundermagier anbelangt, beschwerten die Wölfe seine Westernpeitsche (Wirrwarrs verwunschenes Werkzeug, um laue Winde in Windhosen und wild wütende Wirbelstürme zu verwandeln) mit Bleigewichten und warfen sie ins Wasser eines besonders tiefen Weihers, wo sie zwischen Wasserlilien, Wildrosen, Weißdornbüschen und wild wuchernden Weidensträuchern weit genug von dem Wahnsinnigen weg ist. Dann brachten sie ihn in Witwe Wischwaschs Wunderwäscherei …

… wo er nun Woche um Woche warmes Wasser aus den weit verstreuten Wannen zu den Waschtrögen schleppt und weiße Wäsche weißer als weiß wäscht und wäscht und wäscht und **w**-scht.

ZUM BUCH

Die *Drei drolligen Dramen* kitzeln die Lachmuskeln. Sie führen in die Welt der aufregenden Abenteuer und der Alliteration, der gleichen Anfangslaute. Die drei Geschichten für kleine und große Kinder ab 7 Jahren wollen laut vorgelesen oder selbst laut gelesen werden.

Rüpel Ramsay und die randalierenden Radieschen
Ramsay nimmt vor seiner raubeinigen Restfamilie – Ron, Rollo und Ruby – Reißaus.

Bedauernswerter Bob und Düstere Dorinda
Von Baby Bob und der düsteren Dorina, deren dünnlicher Dad und dickliche Mum bei einem Dammbruch in Dschibuti verloren gegangen sind …

Die wandernde Wanda und Witwe Wischwaschs Wunderwäscherei
Die wandernde Wanda wird in einen Weidenkorb gezwängt und landet mit drei weiteren Waisen in der Wunderwaschküche von Witwe Wischwasch …

ZUR AUTORIN, ZUM ILLUSTRATOR UND ZUM ÜBERSETZER

MARGARET ATWOOD, geboren 1939 in Ottawa, ist eine der bedeutendsten Gegenwartsautorinnen. Sie veröffentlichte neben Romanen, Essays, Kurzgeschichten und Lyrik auch Kinderbücher. Ihr Werk wurde vielfach übersetzt und ausgezeichnet. Margaret Atwood lebt in Toronto.

DUŠAN PETRIČIĆ illustrierte mehr als zwanzig Kinderbücher, für die er vielfach ausgezeichnet wurde. Er lebt in Toronto.

EBI NAUMANN, geboren 1949 in Kiel, war Pantomime, machte Straßentheater und arbeitete als Lektor und Produzent. Er lebt als freier Autor und Übersetzer in Hamburg und im Wendland.

Der Dörlemann Verlag wird vom Bundesamt für Kultur
für die Jahre 2021–2024 unterstützt.